AF449044

El Viaje

Un Viaje de Locos

Eduardo Gazzo Rodríguez

Estudios de Ingeniería en la Facultad de Ingeniería de Montevideo.

La pasión por escribir y contar historias viene desde muy chico, influenciado por mi padre, gran narrador de historias.

He escrito varios cuentos como "la botella", "El negro Cubas" y "Lalo estuvo aquí".

Este libro es fruto de todos esos primeros trabajos.

Dedicado a Julio, a mis hijas, Leticia y Patricia y en especial a Ana, por haber aparecido en mi vida.

Índice.

Así es viajar en camión por Paraguay.

Escanear código de barras

¡Arrancamos mal!

Había llegado el gran día. Me habían avisado y la madera estaba lista. Tenía que viajar al aserradero lo antes posible, antes de que empezaran las lluvias. Una vez que comiencen, los caminos en Paraguay que van hacia los montes que bordean la selva, se vuelven intransitables y precisamente es donde se instalan los aserraderos. Son caminos de tierra colorada en un clima seco. Un polvo fino de color rojo muy característico en todo Paraguay.

Generalmente el suelo es firme, pero cuando llueve se transforma en un barro pastoso y profundo. Eso hace que cualquier vehículo pesado se entierre y quede atrapado. En la temporada de lluvias las rutas quedan inhabilitadas por tres o cuatro semanas y mi comprador necesitaba la madera. No podía perder un mes, así que comencé a buscar y rebuscar como traer la madera de apuro. La empresa uruguaya, con la que habíamos hablado en un principio, no disponía de vehículos hasta dentro de tres semanas por lo que necesitaba otra alternativa. No fue nada fácil conseguir un camión en forma urgente. Me habían recomendado a la empresa Internacional de transportes "Zacarías Zamora" o la ZZ como la llamaban por allá.

Luego de varias negociaciones pude llegar a un acuerdo, tuve que esperar una semana y por fin había llegado el día acordado. El viaje comenzaría el lunes a las 3 de la mañana para poder llegar al aserradero alrededor de las 6 u 8 horas. Se cargaría un camión de 25 toneladas, lo que podría ocupar uno o dos días, dependiendo que tan preparada estuviera la carga. O sea que podría quedar cargado para el martes, sumando un día para volver, el miércoles estaría de nuevo en Asunción. Los tiempos estaban perfectos, ya que el jueves salía un bus hacia Montevideo. El viernes estaría de regreso en casa.   Todo perfectamente programado.

¿Qué podría salir mal? En realidad, todo podía salir mal, pero eso aún no lo sabía.

El despertador sonó a las 2 de la mañana, aunque ya estaba despierto. No había podido dormir mucho. La ansiedad y emoción por terminar con todo el proceso de compra de madera llegaba a su fin y eso me tenía nervioso y excitado. Pero empezaron los inconvenientes.

¡Llovía torrencialmente!

No una lluvia cualquiera, parecía que se caía el cielo entero. En Asunción llueve seguido y fuerte, pero suelen ser tormentas de corta duración, intensas pero muy cortas. Esta tormenta era muy fuerte y parecía no tener intenciones de parar. Por suerte mi hermano me había dicho que me llevaría al punto de encuentro. El camión tan pesado no podía circular por cualquier calle, así que me iba a esperar en la esquina de Aviadores del Chaco y Lynch, para luego tomar la ruta Transchaco. Mi hermano quedó en llevarme hasta esa esquina en cuestión por varios motivos.

Primero por seguridad, llevaba encima U$S 8400 y eso es peligroso en cualquier ciudad y más a las 3 de la mañana.

En segundo lugar, no abundan taxis en Asunción sobre todo de madrugada y en aquella época no existía el servicio Uber ni nada parecido. Solo ayudaba tener el teléfono de algún taxista, que fuera responsable y cumplidor, algo tan escaso en Paraguay como los mismísimos taxis.

Tercero, por si fuera poco lo anterior, la lluvia torrencial que por momentos se hacía más intensa. Además, Roberto era socio en el negocio. Eso se suponía que generaba obligaciones. Aunque su trabajo consistió solamente en dar la idea y ofrecerme un cuarto en su apartamento. Mi trabajo consistía en encontrar en Montevideo un comprador, que financie toda la compra a cambio de una comisión. Después debía encontrar en Paraguay un aserradero que tenga Curupai que era la madera en cuestión y sobre todo que sea confiable, lo que no era nada sencillo en Paraguay. Por último, conseguir un precio que sea conveniente y que cumpla con las exigencias de nuestro comprador.

Por si fuera poco, tenía que ir casi hasta la selva del Chaco con el camión, supervisar la carga de la madera y volver con el camión cargado hasta los depósitos de ZZ en Asunción. Ahí recién se acababa mi tarea, luego la empresa se hacía cargo y mandaría un flete internacional a Montevideo. Yo volvería a Montevideo y solo debía esperar su llegada. Y la tarea de Roberto consistía en hacer…nada. Sus amigos decían que era como el león de la Metro Goldwyn Mayer que aparece en todas las películas, pero no trabaja en ninguna.

Pero al menos tuvo la idea y yo necesitaba hacer este trabajo ya que pasaba un momento complicado y el dinero me vendría muy bien. La lluvia no paraba.

Es más, por momentos el torrente aumentaba, por suerte Roberto me llevaría, pensé.   ¡Qué iluso!

-        ¡Roberto! – Llamé desde la puerta de su cuarto y no conseguí ninguna respuesta

-        ¡Robertooo! - insistí ya gritando y golpeando la puerta de su cuarto - Ya son las 2 y media – volví a gritar enojado.

Silencio total.

-       Dale que me tenés que llevar, apurate - grité.

Del otro lado de la puerta al fin me contestó, con voz de dormido.

-       Estoy muerto de cansancio. Acabo de llegar, mejor llama un taxi- me dijo y siguió durmiendo.

No lo podía creer. Me dejó tirado. Y donde podía llamar a un taxi. Colgué mi mochila al hombro y bajé a la portería. Seguro Franco, el portero, conocía a algún taxista que pudiera llamar.

- ¡Franco! , ¡Franco! - llamé al portero que dormía plácidamente en su garita de vigilancia las 24 horas.

-       Necesito un taxi urgente – le pedí.

Logré despertarlo y me miraba intentando entender lo que sucedía. Luego de un momento Franco se despabiló y enseguida comenzó a hacer algunas llamadas. Pasaban los minutos y no conseguía comunicarse con nadie. Con la noche espantosa, la lluvia y la hora, no parecía que hubiera nadie despierto en toda Asunción.

Después de interminables minutos se pudo comunicar con un taxista que aparentemente estaba trabajando y quedó que llegaba en 15 minutos. A todo esto, ya eran las 3 de la mañana, la hora fijada para encontrarme con el camión y todavía no tenía el taxi. Además, seguía lloviendo. Tenía ganas de gritar, de putear a Roberto, de subir a gritarle y sacudirlo hasta lograr que se levante. Pero finalmente llegó el taxi y me tranquilicé.

Le agradecí a Franco que me había salvado, corro rápido al taxi y le indico la dirección. El taxista parecía muy buen tipo, y me dio ánimo. Comentó que el lugar no era demasiado lejos y que llegaríamos en pocos minutos.

-   Con este día es natural que alguien se atrase - me dijo para que me quede tranquilo.

A las 3 y 25, llegamos a la esquina… ¡El camión no estaba!

¡No estaba!... ¿Pero dónde está el camión?

¿Dónde queda San Pedro?

¡El camión no estaba! Y seguía lloviendo.

- ¿Se queda acá? - me dijo el taxista

- Espere un segundo - contesto -

Estaba en mitad de la noche con una lluvia espantosa, en una calle desierta y con mucho dinero en el bolsillo que ni siquiera era mío. No podía quedarme ahí solo y no tenía ni idea de dónde podía estar el maldito camión.

Entre los papeles que tenía encontré el teléfono del camionero, así que lo llamo, pero nadie me atendió el teléfono. En ese momento me empecé a desesperar. Trataba de pensar que hacía y cómo iba a solucionar esto. Capaz que el camión no salió con la tormenta. ¿Cómo puede ser que no esté acá? Ya eran las 3 y 30 y del camión ni noticias. Los pensamientos más catastróficos pasaban por mi cabeza. ¿Cómo me metí en semejante berenjenal?, pensaba.

Mientras mi cabeza estaba a punto de reventar, recordé cómo empezó todo.

Yo me había quedado sin trabajo en Montevideo, casado y con tres hijos, estaba buscando con diferentes pequeños trabajos, complementar el sueldo de maestra de mi esposa que era bastante escaso. Por esos días, a mi hermano, que reside en Asunción de Paraguay y estaba de visita por Montevideo, se le ocurrió la brillante idea de ofrecer el servicio de traer madera de Paraguay a una empresa maderera.

Aprovechando que yo tenía bastantes conocimientos de madera por haber tenido muchos años un negocio de carpintería y también conocía a casi todas las madereras de Montevideo, seguro encontraría alguna para llevar adelante el negocio. Después de varias visitas a carpinterías, aserraderos y negocios vinculados a la madera, mi amigo Ricardo, dueño de una barraca de madera, se interesó por comprar Curupai. La madera de Curupai proviene de la selva que comparten Paraguay y Brasil y es una de las maderas duras más usadas en la confección de marcos de puertas y ventanas. Últimamente los precios desde Brasil se habían elevado mucho y podía ser una opción comprar en Paraguay. Así que acordamos que oficiara de intermediario. Era muy simple el pedido. Ricardo se encargaba del dinero.

Comenzamos con un camión de 25 toneladas de Curupai de dos pulgadas de grueso, por seis pulgadas de ancho y lo que era muy importante: los largos debían ser de tres metros en adelante. La otra parte a negociar era el precio. Lo máximo a pagar serían U$S 20.000 por todo el cargamento. Todo lo que consiguiera de mejora en el precio, serían mis honorarios.

El negocio era claro y simple. Conocía de madera y dispondría del dinero para la compra y en pocos días podía ganar algunos dólares que me venían muy bien. Y por supuesto que contaba con la "invalorable" ayuda de mi hermano Roberto que por residir en Asunción sería fundamental por los contactos que tenía. Además, no tendría que pagar hotel, ya que me podía quedar en su apartamento Por supuesto, las ganancias serían en partes iguales.

De todo esto en lo único en que me ayudó fue en el hospedaje, de todo el resto me tuve que encargar solo. Ya hacía varias semanas que estaba en Paraguay, pero había conseguido un buen precio, un proveedor de madera que parecía serio y el negocio se pudo concretar. El precio en realidad era excelente y todos saldríamos ganando.

Para concretar el corte de la madera, había tenido que ir hasta el aserradero, que estaba en San Pedro, cerca de la selva chaqueña, seleccionar la madera y dar las instrucciones de corte y aserrado Luego de eso tuve que repetir más de una vez las mismas instrucciones hasta que de una vez por todas quedó claro y ahora cuando parecía que ya estaba todo pronto…la lluvia…y el maldito camión que no aparecía.

La llamada del celular me sacó de mis pensamientos.

- Hola, ¿el Sr. Eduardo? – me dijo una voz.

- Soy Julián, el chofer de la ZZ, Zacarías Zamora. ¿El Sr. Eduardo? -volvió a preguntar.

Me volvió el alma al cuerpo. Al fin apareció el camión, o al menos tendría noticias.

- Sí, soy Eduardo - respondí - ¿Dónde está Ud.? - le pregunté extrañado.

Me explicó que como no se acordaba de la esquina en que habíamos quedado, decidió seguir hasta la ruta que quedaba a unos 15 kilómetros y recién ahí se le ocurrió llamar. Así que ahora tenía que ir hasta donde estaba el camión esperando y recorrer esos 15 kilómetros.   De cualquier manera, ya estaba más tranquilo. Me había podido comunicar con el chofer, el camión me esperaba y el taxista se había quedado conmigo. Le di al taxista la nueva dirección y le pedí al camionero que por favor no se mueva de donde estaba. Así que fuimos a su encuentro.

Había guardado algo de dinero extra y la mitad se fue en el taxi que me costó bastante más de lo estimado. Aún me quedaban unos cien dólares en guaraníes, que era el costo del pasaje de vuelta a Montevideo, y algo más para algún otro gasto pequeño que pudiera tener, así que no me importó.

Estaba feliz que al fin estaría en el camión rumbo a San Pedro. En unos minutos por fin llegamos donde nos esperaba el dichoso camión.

¿Ese es el camión? me pregunté en cuanto lo vi. Era grande, sin dudas. Las ruedas pasaban mi cintura. Mido 1.67 m así que las ruedas deberían medir al menos 1,20 m. las cuales no eran precisamente nuevas. Bueno en el camión, nuevo no había nada. Era un Bedford que alguna vez supo ser rojo, con una cabina grande, bastante grande que comprobaría más tarde podían acomodarse fácilmente 4 personas y la parte trasera, donde va la carga, de color azul. Eso donde el óxido dejaba ver algún rastro de pintura ya que la mayor parte estaba totalmente oxidada. Como ZZ no tenía ningún camión disponible, consiguieron este vejestorio, que serviría para traer la madera hasta sus depósitos. Luego la cambiaría para algún camión de los nuevos que hacen transporte internacional. Al ver el taxi, rápidamente saltó del camión un joven con un paraguas.

- Hola, soy Julián me dijo-.

Me despedí del taxista, dándole las gracias por el servicio y me acerqué al viejo Bedford.

Julián me ayudó a subir al enorme camión. Era un joven de unos 25 años, muy alegre y sonriente. Estaba muy contento de que al fin nos hubiéramos encontrado y me pidió disculpas por la equivocación del lugar de encuentro y que esperaba las instrucciones para emprender el viaje. Una vez en el camión y sintiendo que me mojaban algunas gotas que entraban por la ventanilla que no cerraba del todo, le doy las indicaciones muy seguro.

- Vamos a San Pedro - y me acurruco para dormir el resto del viaje a pesar de la lluvia y las molestas gotas.

- ¿Dónde queda San Pedro? - me pregunta Julián con su enorme sonrisa.

- ¿Cómo que dónde queda? ¿No conocés donde queda San Pedro? -le pregunto asustado.

- No – me dice Julián- empecé a trabajar hace muy poco y es la primera vez que viajo solo. No conozco mucho del interior de Paraguay.

No podía creerlo. ¿No sabía dónde quedaba San Pedro?

Pues yo tampoco sabía…

POLICIA

Capítulo 3

Vamos al Km 192.

En esa época no existía GPS, ni Google Maps, ni otra aplicación parecida. Los celulares parecían ladrillos con una pantalla pequeña, donde lo único novedoso que tenían, era que se podía ver el número desde el cual llamaban. Eso en aquellos años, era todo un adelanto tecnológico.

Eran pasadas las 3 y 30 de la madrugada, con lluvia torrencial y la ruta estaba desierta. Así que hice memoria, que era lo único que me quedaba. Yo había estado una sola vez en el aserradero de San Pedro. Me había llevado el dueño, el Sr. Teófilo Cubillas, para que conociera a César, su capataz y le explicara lo que necesitaba. Pero hacía casi un mes de aquel viaje y en aquella oportunidad también viajamos de noche. Solo recordaba que fuimos por la ruta Transchaco hasta un cruce de caminos con un cartel indicador bastante visible y muy bien iluminado donde había que doblar a la derecha. Ese cartel atravesaba toda la ruta por lo que era imposible que uno no lo pudiera ver. Recordaba que indicaba claramente la dirección a San Pedro. Ese aviso estaba…en el km…192 de la ruta. ¿Era el km 192? Al menos era el número que recordaba así que dije como si supiera:

- Vamos por la Transchaco y ya te iré indicando.

Desde ese momento en lugar de dormir, estaba todo el tiempo tratando de recordar algo que me ayudara a verificar que íbamos por buen camino. Para peor la lluvia seguía sin parar. Ahora no tan intensa pero lo suficiente fuerte para dificultar la visión y las luces no muy potentes del camión tampoco ayudaban a recordar el camino.

A medida que nos íbamos acercando al km 192 me ponía más nervioso. Estábamos en una zona de bañados, pajonales inundados a la derecha de la ruta y lo mismo a la izquierda. Noche cerrada, no se veía una luz, ni nada, solo agua y pajonales. Ni siquiera recordaba haber pasado por un bañado.

Julián no paraba de hablar. Estaba muy contento con su trabajo, porque empezó como ayudante o peón, pero ahora lo habían ascendido a chofer, con lo que ganaría bastante más. Me contó de su esposa. Era maestra de escuela y profesora de lengua guaraní. El guaraní es el idioma originario de los indios guaraníes, que habitaron en el norte de Argentina, en todo Paraguay y parte de Brasil y Uruguay. Todavía en esas regiones, sobre todo en la selva, quedan grupos indígenas, descendientes de los antiguos guaraníes y conservan su lengua natal. En el interior de Paraguay, se habla una mezcla de español y guaraní y en muchos lugares, mucho más guaraní que español. Si bien el idioma oficial de Paraguay es el idioma español, no todos los paraguayos hablan bien español. Sobre todo, lejos de la capital, se habla mucho en guaraní. Ha habido intentos de dejar de lado el idioma indígena por considerarlo poco culto. Pero también existen organizaciones que luchan por conservar el idioma al que consideran su idioma natal. De hecho, en la actualidad se enseña en la mayoría de las escuelas ambos idiomas.

Justamente, Alma la esposa de Julián, pertenecía a un movimiento de preservación del idioma y daba clases como profesora. Julián me contó lo educada que era su esposa y lo orgulloso que estaba de ella. Por ese motivo este trabajo para él era importante para poder estar a su altura... y así seguía y seguía hablando.

Mi cabeza estaba en otra cosa. Pero no podía dejar de escucharlo. Me enseñó la palabra "Curupí", que es como se refieren los paraguayos a los argentinos en forma muy despectiva. Algo que viene desde alguna guerra entre los países. Los pertrechos de los argentinos y un casco de cuero que usaban le recordaban a un chancho. "Curupí" es piel de chancho en idioma guaraní.

También me enseñó el término "Curepe", que es lo mismo, pero ya no es despectivo. Es un término más cariñoso para cuando el argentino es amigo.

Me enseñó muchas palabras más, que no recuerdo, la única que me quedó grabada fue esa, tal vez porque ya la había oído antes.

En medio de la charla, más bien de su monólogo, llegamos al km 192. Se me hizo un nudo en el estómago. Seguíamos en medio de los pastizales inundados sin señal de civilización alguna. No quería ni pensar que estábamos en la ruta equivocada. Yo estaba seguro de que habíamos ido por la ruta Trascacho. ¿Seguro?

Bueno a estas alturas ya no estaba seguro de nada. Seguía siendo de noche y continuaba lloviendo, aunque un poco más calmado.

Decido seguir adelante, como si supiera que el camino era el correcto, hasta encontrar a alguien que pudiera indicarnos si íbamos bien. En realidad, no había otra alternativa así que seguimos. Julián conversando y yo escudriñando en la oscuridad en busca de alguna señal divina que me indicara el camino.

No recuerdo cuanto tiempo pasó, me parecieron horas, hasta que salimos de los bañados y cada tanto se comenzó a ver alguna luz. Aunque seguía siendo de noche y no se veía a ninguna persona para poder consultar.

De pronto divisamos una garita policial. Una garita de madera de no más de un metro por un metro con una luz en el techo y un asiento precario dentro. Allí, sentado y dormido, había un joven uniformado.

Le gritamos para despertarlo y pegó un salto del susto al verse sorprendido. Julián le consultó si íbamos por el camino a San Pedro y cuánto nos faltaba.

El policía, con voz dormida y en guaraní, le dio las indicaciones del caso de las cuales no entendí una sola palabra. Julián luego me explicaría que ciertamente íbamos bien.

Aproximadamente en 40 km estaba el peaje y que luego de 50 km más, había un cruce de caminos bien señalizado y que debíamos tomar hacia la derecha. Seguimos camino ahora tranquilo de ir bien encaminados y fuimos llegando primero al peaje y luego a la intersección de caminos, donde seguimos las indicaciones y continuamos rumbo a San Pedro. El cartel indicador resultó estar en el km 292, solo me había equivocado por 100 km.

El paraje San Pedro era un sitio muy pequeño con unas pocas casas. El aserradero estaba sobre la ruta, había una especie de almacén y bar enfrente donde recordaba que habíamos desayunado en mi viaje anterior. Una gomería donde se reparaban llantas y taller de auxilio mecánico. Eso era todo el poblado.

Estaba seguro de que lo reconocería cuando llegáramos, además ya comenzaba a amanecer y había parado de llover, aunque el cielo seguía encapotado.

Por fin, luego de un tramo sin inconvenientes llegamos a San Pedro. Recordé el aserradero. Tenía una casa grande delante, toda de madera, que servía de oficina, comedor y vivienda del sereno y su familia. Al costado las pilas de troncos de madera hasta unos 500 metros al fondo donde estaba el propio aserradero. Allí se hacían tablas aserrando los troncos. Llegamos pasadas las 8 de la mañana y me llamó la atención que estaban todos los trabajadores del aserradero en los alrededores de la casa. Unos preparando un asado.

Otros sentados tomando una cerveza y charlando y algunos acostados sobre las tablas durmiendo.

Lo que estaba claro es que no estaban trabajando y el Capataz César no estaba entre ellos.

Los aserraderos en el interior tienen algunas características. Mucho terreno, para recibir los troncos, una sierra grande que consiste en un riel doble, con un carro, donde se coloca el tronco y permite deslizarlo hacia la hoja de sierra conde se va cortando. El único espacio techado en el aserradero es donde está la sierra. Eso para proteger los motores, que suelen ser dos.

Uno de ellos es para la sierra y el otro para deslizar los troncos. En algunos, para mover los troncos hacia la sierra usan un buey y una cadena atada al carro y en otros directamente son empujados por los trabajadores.

Pero el 90 % del trabajo se hace al aire libre por lo que cuando llueve no se trabaja. Y cuando está el cielo muy nublado y amenaza lluvia tampoco trabajan. Esperan hasta que el tiempo se estabilice. En eso estaban. Esperando a ver si llovía o no. Mientras tanto preparaban un asado y tomaban cerveza.

- ¿Y el Capataz César? - pregunté

Se miraron entre ellos, hablaron algo en guaraní y uno dijo:

-        El capataz no está.

        ¿Dónde diablos está César?

Al César lo que es del César

- ¿César cuándo viene? – insistí a ver si alguien me explicaba algo-

Se seguían mirando entre ellos. Hablaban en guaraní y se reían. No entendía lo que decían, pero alcancé a escuchar un par de veces la palabra Curupí. No son demasiados queridos los argentinos en el interior, sobre todo el argentino de la capital y de ahí las risas y la poca simpatía hacia mi persona ya que siempre nos confunden a los uruguayos con los argentinos. Por apariencia y sobre todo porque hablamos muy parecido. Para ellos hablamos exactamente igual.

También por eso escuchaba a cada rato el término Curupí, como los llaman. Estaba seguro de que cuando decían Curupí y se reían, estaban hablando de mí y no en tono cariñoso. Es muy diferente el trato con el argentino del interior con el cual se identifican mucho más. También la relación con los uruguayos suele ser mejor y nos tratan diferente al menos la mayoría de las veces. Me acerqué a los de las risitas y muy serio les digo:

-      Es la tercera vez que pregunto por César. ¿Quién está a cargo? - pregunté con cara de malo enfrentándolos. -   Y otra cosa… Yo soy uruguayo. No soy argentino, así que nada de Curupí. -

Se terminaron las risas y quedaron convencidos que entendía cuando hablaban en guaraní, al menos alguna cosa. La actitud de los hombres cambió enseguida. Me dijeron que ya le habían avisado a César que había llegado y que él estaría conmigo en unos minutos. Como el tono se volvió más cordial, consulté: -   ¿Hoy no trabajan?

Me explicaron que estaba nublado y que en cualquier momento podía empezar a llover por lo que estaban esperando a ver si trabajaban o no. Así que hasta que César llegara iban a aprovechar para comer algo. Me ofrecieron mate y café. También si quería comer algo o esperar por el asado que estaría pronto en un momento.

Había unas galletas y pan casero que parecía muy sabroso, y hacía horas que no comía nada por lo que acepté la oferta. Eso también ayudó a limar asperezas con los trabajadores y que me trataran mejor. A todo esto, ya era más de media mañana cuando apareció Cesar. Casi ni lo recordaba. Lo había visto solo una vez. Un hombre atlético bastante alto cercano a los dos metros, de aproximadamente 45 años, bien parecido, de pelo rubio y ondulado, que desentonaba con todos sus trabajadores. Con rostro agradable y pícaro, muy mujeriego según me habían contado. César me saluda, da instrucciones a su gente y me dice:

- Bueno vamos marchando, la madera está en el otro aserradero en el medio del monte y tenemos unas horas de camino.

Partimos a otro Aserradero que yo no conocía. El aserradero de los Hermanos Moreira.

Durante el trayecto César no paraba de contar sus múltiples conquistas amorosas a donde se escapaba cada vez que decía que iba "al monte".

Al aserradero en cuestión al que íbamos, lo conoció por referencias de su intermediario. Era la primera vez que iba, aunque siempre lo usaba como pantalla para escaparse de su esposa para visitar a alguna de sus conquistas. Paraguay es el país de los intermediarios. Entre el dueño del monte y la madera, hasta el comprador de Montevideo, había al menos 6 intermediarios, incluidos mi hermano y yo mismo.

Luego de unas horas, por la ruta, llegamos a un lugar muy especial. Era una rotonda desde donde partían cuatro rutas diferentes. En la rotonda había muchos puestos muy precarios, de madera donde servían diferentes comidas a los transportistas que circulaban por la zona.

Una de las rutas que comenzaba a partir de la rotonda, era totalmente de tierra y se adentraba a los montes llegando al borde de la selva. Por esa ruta debíamos transitar. No tuvo tiempo César de decir nada que comenzó una fuerte lluvia. Yo veía como el polvo rojo del camino se iba convirtiendo en un lodo oscuro, marrón rojizo, a medida que se empapaba de agua. El paraguayo está acostumbrado a estas tormentas y a estos cambios de situación, se lo toma con mucha calma.

- Tenemos que volver – nos dice César - En estas condiciones, no se puede circular por esos caminos. No lo podía creer. ¿Y ahora qué vamos a hacer? ¿Qué va a pasar? ¿Cuándo voy a poder ir a cargar madera?, estas y mil preguntas más se me vinieron a la mente todas juntas.

Pero César muy tranquilo, suponiendo mi preocupación, me dice:

- Esto para en un rato y sale el sol. Para mañana ya estará seco de nuevo. Mañana volvemos.

Así que sin decir nada más nos volvimos a San Pedro. Capaz que teníamos suerte y quedaba algo de asado. Llegamos de vuelta a San Pedro al final de la tarde. Ya no quedaba asado, es más, no quedaba nadie. César me dice que la gente se había ido temprano con la lluvia. Nos ayudó a buscar la mejor manera de pasar la noche. Decidimos que el chofer dormiría en el camión y a mí me dejaba su "apartamento" para que estuviera más cómodo. También me aconsejó que me acostara temprano ya que saldríamos apenas amaneciera. ¡Como si en ese lugar hubiera otra cosa que hacer que acostarse a dormir! Me acompañó a su "apartamento" y me quedé sin palabras.

El "apartamento" consistía en una pieza de tablas apenas clavadas una al lado de la otra, de 2 metros de largo por 1,50 metros de ancho. En un lado con tablas había una parrilla que se suponía era una cama, una mesita de luz y una silla, todo con la misma decoración.

La cama tenía sábanas, que nunca se habían lavado, un acolchado haciendo juego con la suciedad y una almohada, donde había que tener coraje para apoyar la cabeza. César orgulloso de su "apartamento" me dice:

-      Acá va a dormir cómodo. Le dejo esto por si lo necesita- me dijo y levantando la almohada me muestra un revólver de cañón largo y una caja de balas calibre 38.

-      ¿Qué es eso? – pregunté como un idiota, ya que estaba muy claro lo que era.

- Llévese eso, yo no lo necesito para nada- le dije asustado. Me miró serio y me explica:

- Toda la gente de acá sabe que viene a buscar madera y que trae bastante dinero encima. A cualquiera se le puede ocurrir entrar a robar. Si le quieren abrir la puerta o alguien se quiere acercar de noche, Ud. tira un par de tiros y lo van a dejar tranquilo. Aquí nunca se sabe.

Insistió tanto, que dejé el 38 donde estaba, pero ni loco lo pensaba usar. Lo único que me faltaba era terminar preso en una cárcel paraguaya por pegarle un tiro a alguien.

Así que con total resignación, comí unas galletas que tenía en el bolso y me acosté a dormir. No sin antes trabar la puerta con la silla que tenía en el apartamento de forma que nadie pudiera entrar. Aunque entre los ruidos del monte cercano, los mosquitos que entraban entre las ranuras de las tablas y el cuento de César no ayudaron, finalmente el cansancio pudo más y me dormí. Estaba dormido profundamente cuando comencé a sentir, golpes en la puerta, empujones y gritos en guaraní.

- Añá memby – gritaba una voz de mujer

- Nde japu – la misma voz
- - Che aipe'a pe oke – gritaba mientras zarandeaba la puerta.

No entendía qué decía, pero seguro eran insultos en guaraní y suponía que dirigidos a César y sus aventuras. Pueden buscar su significado en Google, no son bonitos, por cierto.

- Váyase o le mando un tiro por la puerta _ grité - , sin tener la menor idea quien era ni qué cosa quería. Después de mi grito, se hizo silencio y pude sentir como la mujer se alejó caminando rápidamente. Salvo los mosquitos no tuve más visitantes esa noche, aunque no volví a dormir ni un minuto. A las 5 de la mañana ya estaba levantado. Como había dormido vestido, solo me lavé la cara y fui hasta donde estaba el camión.

Cuando veo el camión ¡no lo puedo creer!

¡Tenía una rueda pinchada!

¿Se perdieron? Yo los ayudo.

La idea de salir temprano se complicó un poco. Lo bueno es que había una gomería cerca, así que fui hasta allí buscando auxilio, pero el cartel en la puerta indicaba que abría a las 8 horas. De pasada había visto que el almacén y bar, estaba abierto y pensé en desayunar algo, mientras esperaba que se hicieran las 8. Yo no soy muy complicado, con la comida y casi todo me viene bien, pero al entrar al bar y ver la oferta que tenían se me pasaron las ganas de comer.

San Pedro es una zona humilde y la comida a disposición era una muestra de eso. Había unas empanadas, recién horneadas me dijo la dependienta, tan oscuras como el aceite donde las habían freído. Daba la impresión de que el aceite no se cambiaba muy seguido. Preferí comprar unas galletas y una coca, al menos no me daría un ataque al hígado.

Luego de desayunar, volví al lado del camión y le avisé que teníamos al menos dos horas de espera. En eso vemos llegar a Cesar, muy elegante, con un sombrero grande y pañuelo al cuello. Nos saludamos y le comenté la demora por la pinchadura y el encuentro de la noche pasada.

Eso no le hizo mucha gracia, murmuró unas palabras en guaraní, y dijo que iba a tratar de apurar al dueño de la gomería, para poder irnos antes de que volviera su esposa que era quien lo vino a buscar la noche anterior.

- Es muy celosa – comentó - y se pone fiera cuando está enojada. - Tenemos que salir antes que aparezca de nuevo- dijo y salió en busca del auxilio.

Al rato aparece de nuevo Cesar, con un niño de no más de 12 años, que cargaba una llave cruz demasiado grande para su tamaño. El chico de pelo oscuro y lacio no medía más de metro y medio tan delgado que ni sombra hacía en el suelo. Tenía el mismo tamaño que la rueda que intentaba sacar. En realidad, solamente intentaba aflojar las tuercas con poco éxito. No pudo aflojar ni una sola aun parándose sobre la llave cruz. Su peso no era suficiente para mover ninguna la tuerca por más esfuerzos que hizo.

Julián se acercó y le dio una mano. Así entre los dos lograron el cometido y aflojaron todas las tuercas de la rueda.

Ahora teníamos que esperar que viniera su padre con el gato hidráulico para poder quitar la rueda y repararla.

Perdimos una hora más de tiempo esperando al padre y otra hora para reparar la pinchadura, pero la rueda quedó reparada y colocada y pudimos partir a buscar la madera. El día había amanecido hermoso y soleado y eso al menos nos garantizaba poder llegar al dichoso aserradero.

A media mañana, llegamos nuevamente a la rotonda donde debíamos tomar el camino de tierra, hoy totalmente seco, como si nunca hubiera llovido. Al llegar César nos dijo que teníamos que parar un momento a comprar algo para comer.

En ese lugar había una docena de puestos que ya había visto el día anterior. Eran unos kioscos de madera, donde ofrecían tortas, empanadas, y varias comidas locales como tortas de arepa y de mandioca incluso alguno tenía una mesa y un par de sillas para comer allí mismo.

Si el bar del desayuno me había parecido poco limpio, al ver estos lugares, me arrepentí de no haber comido antes. Estos kioscos de madera tenían la particularidad de no contar con heladeras ni corriente eléctrica, por lo que la comida estaba al sol, apenas tapada con una servilleta, con el mismo grado de limpieza que todo el resto.

No es que sea muy quisquilloso con la limpieza ni mucho menos. Pero las condiciones de esos lugares y la comida que ofrecían daban miedo.

- ¿Acá tenemos que comprar comida? – pregunté con asco, dada la falta de higiene y la oferta de comida.

- No hay otro lugar – comentó César seguro

- Vamos a volver a la noche, si no compra algo acá, no va a comer nada en todo el día – dijo muy serio.

Así que comencé a recorrer los puestos a ver si veía algo que me animara a comprar. Lo que me pareció mejor, fue un pollo a la parrilla, que me dieron en una bolsa de papel para que vaya absorbiendo la grasa y una bebida cola caliente por supuesto, para poder bajar la comida. Una vez que todos teníamos nuestros alimentos nos metimos en el camino de tierra. No tenía la menor idea de los alimentos que habían comprado César y Julián ni quise saberlo y mucho menos que me mostraran.

Por momentos el camino era despejado, en otros momentos era como un canal con paredes de tierra de ambos lados. El camino se hacía variado, con mucha vegetación y muy seguro hasta que llegamos al primer puente. Había una seguidilla de tres puentes de madera que unían una zona de barrancos. Hechos totalmente de madera, medios destartalados y con varias maderas sueltas. Miraba hacia abajo y me daba bastante miedo cruzar esos puentes. Es más, pensaba que tal vez aguanten el peso del camión, pero íbamos a volver con una carga de 25 toneladas y eso me asustaba más aún, sobre todo que según César volveríamos de noche.

Demás está decir, que en la ruta no había una sola luz, así que a la noche, la única luz sería la del viejo Bedford, que no era demasiado buena.

Julián, con su sonrisa y optimismo habitual, me dice orgulloso:

\- ¿Vio Don Eduardo cómo aguantan estos puentes?

\- Tienen años construidos, pero aguantan cualquier cosa, claro que cada tanto hay que cambiar alguna tabla- siguió diciendo.

Yo estaba callado, algo pálido del susto, y sus palabras no contribuyen a tranquilizarme. Cada tanto hay que cambiar alguna tabla, dijo, yo veía las tablas rotas y pensaba que se habían olvidado de cambiarlas. Ni quería pensar en la vuelta

con el camión cargado. La cosa es que pasamos por los tres puentes sanos y salvos.

Después de los puentes, la ruta se dividía en dos. Y César no recordaba por dónde teníamos que seguir. No estábamos perdidos, solamente no sabíamos cuál era el camino correcto. En eso pasa un caminante.

\-   ¿Se perdieron? ¿A cuál aserradero van?

En esta zona hay varios – nos dijo – pero yo los conozco a todos, si quieren me subo y los guío.

Toda esa conversación había sido en guaraní y me la contó Julián porque yo no había entendido nada, así que ahora con guía, seguimos viaje al aserradero de los hermanos Moreira más tranquilos que llegaríamos a destino.

Nuestro amigo nos hizo tomar el camino de la derecha. Luego de unos 10 km se bajó en la puerta de su casa, no sin antes dejar las instrucciones para llegar a destino. Teníamos que seguir por el mismo camino. Íbamos a pasar por varios aserraderos, el tercero sobre la derecha era el de los Moreira. Pasaron 10 km hasta que comenzamos a divisar, primero uno, al rato otro y una hora más tarde llegamos al aserradero de los Moreira. Tal cual nos indicó nuestro amigo. Cuando le comentamos a Moreira chico la ayuda del vecino, le dio un ataque de risa. Del cruce de caminos el aserradero estaba a dos km por el camino de la izquierda. Nuestro "amigo" nos hizo recorrer más de 25 km, por el camino más largo, claro que lo dejaba en la puerta de su casa. Pero al menos habíamos llegado, aunque ya eran casi las 11 de la mañana y teníamos que esperar hasta las 14 y 30 horas para comenzar a cargar. En las horas del mediodía, en Paraguay no trabaja nadie, ya que el calor es insoportable.

El lugar era fascinante. Un claro en un monte tupido, donde había una casona grande, que era la vivienda de los Moreira. Un galpón donde dormía parte del personal y pilas de troncos por todas partes. Entre las pilas de madera se veía un techo donde estaba la sierra sin fin y un carro brillante y muy bien engrasado donde colocaban los troncos para aserrar y convertirlos en tablas. También había varias pilas de tablas ya aserradas, prontas para cargar. Después de ese claro se veía un monte tupido de vegetación casi impenetrable.

Me puse a comer algo de pollo sentado en un tronco y a esperar que se comience a cargar el camión.

Eso ya sería una tarea sencilla

¡Que equivocado estaba!

Esta tabla si, esta tabla no.

Las instrucciones que yo le había transmitido al dueño del aserradero, Teófilo Cubillas, habían sido como ya les conté muy simples. Necesitaba, tablones de Curupai, sin fallas visibles.

Las medidas eran 2 pulgadas x 6 pulgadas y sobre los largos no había mucha exigencia, solamente de más de 3 metros de largo. No había motivos para esperar problema alguno. Era simple ¿no es así? ¡Que va a ser simple!

Tenía mi cinta métrica, se verifica la calidad de la madera y sus medidas y solo entonces decidía.

Un sí significaba que se cargaba, o podía decir un no y esa tabla no se cargaba. Comenzamos a cargar el camión y la primera tabla no me gustó, por lo que dije no. Se me quedaron mirando, hablaron entre ellos y al final no cargaron la tabla. La segunda tabla era corta, no llegaba ni a dos metros, así que la rechacé también. Como vi cómo se miraban y murmuraban, acepté la tercera tabla y la cuarta también, casi sin mirarlas porque veía que no les agradaba mucho el rechazo. La quinta tabla otra vez era menor a dos metros, así que volví a decir que no.

Ahí se pudrió todo. Llamaron a Cesar y empezaron a discutir en guaraní. Evidentemente estaban molestos con los rechazos y no querían cargar ninguna tabla más. Moreira chico, llamó a su hermano, Moreira grande y le habló al oído. Luego de conversar un rato entre ellos, Moreira grande me explica que en toda carga debe ir un 10 % de tablas cortas y otro 10% entre 2 y 3 metros de largo. Me explicó que no me pueden vender solo las largas y quedarse ellos con las cortas. Decía que eso nunca se había acordado, que así no se podía vender. Que se deshacía el acuerdo. Tenía que decidir y no podía consultar con nadie. O aceptaba las nuevas reglas o me quedaba sin madera. Si bien no era el trato original, no tuve más remedio que aceptar para no volver con las manos vacías. Pero les dije, que no iba a tolerar ninguna tabla con defectos, aunque sabía que alguna iba a tener que dejar pasar.

Cada pocas tablas aparecía una que no quería y volvíamos a discutir una y otra vez. Así que me puse firme y terminé aceptando casi todas las tablas y solo rechazaba alguna cuando la falla era exageradamente grande. De las medidas, no se volvió a hablar, así que cargaron lo que quisieron.

Trabajo aparte era medir cada tabla. Se hacía para llenar la guía de tránsito y era el comprobante que debía llevar a Montevideo, debidamente firmada. Esta guía, o despacho de la madera servía también para calcular el volumen total de la madera cargada en el camión que se calculaba por volumen y no por peso. Ese cálculo y control, lo llevamos Cesar, Moreira chico y yo. Demás está decir que tuvimos tres resultados diferentes, pero en eso fue en lo único que me permitieron ganar y tomaron mis medidas como buenas. Al finalizar el día tenía el camión cargado, les pagué el saldo acordado, lo cual por suerte no generó ninguna nueva discusión y me preparé para salir hacia Asunción. Una vez en Asunción acompañaría el camión hasta las oficinas de ZZ, le firmaba los permisos correspondientes, ellos me firmarían mi copia de la guía con la cantidad de tablas y de madera y mi tarea estaría terminada. Podría emprender viaje hacia Montevideo de una vez.

Todavía era de día, y si salíamos rápido llegaríamos a los puentes de madera con luz de día, algo que me tenía preocupado.

Lo que no contaba es que así no son las cosas en Paraguay. En el aserradero había otra persona, de la cual nadie me había comentado nada. Su nombre era Walter Mejía. Un muchacho de no más de 30 años, bien vestido,

que lo había visto cerca durante toda la operación de carga, pero que no había intervenido para nada.

Su trabajo era de intermediario. Era quien había recorrido la zona y localizado al aserradero de los Moreira, que tenían Curupai para vender. A su vez César era otro intermediario, Paraguay es la tierra de los intermediarios, que había conectado a los hermanos Moreira con Teófilo Cubillas. Don Teófilo era el maderero autorizado a exportar, con el cual yo había hecho el negocio y había cobrado la primera mitad. El resto era para los Hermanos Moreira y los dos intermediarios.

Así que ahora tocaba negociar, entre los Moreira, Walter y César para que cada uno cobre su parte. Esa negociación se extendió hasta las 21 o 22 horas.

Ya ni recuerdo el tiempo que pasamos esperando en el camión con Julián, a Walter y a Cesar, que se volvían con nosotros hasta Asunción. Walter, porque ya su trabajo había terminado y César porque todavía no se animaba a volver a su casa y mucho menos enfrentar a su mujer. El acuerdo se ve que lo cerraron quedando todos contentos y con bastante alcohol de por medio. Cuando volvieron al camión, apestaban a whisky, pero estaban contentos y con sus comisiones en el bolsillo.

¡Ahora sí! ¡Todo pronto y camión cargado! Arrancamos los 4 en la cabina rumbo a Asunción.

Para mi sorpresa y alegría, pasamos por los puentes como si nada, llegamos a la ruta y comenzamos la vuelta. Ahora las cosas a salir bien. Después me enteraría de accidentes en esos puentes y camiones caídos. Por suerte fue mucho después.

En la cabina era todo algarabía. No paraban de hablar. Hablaban al mismo tiempo uno sobre otro, se reían de todo y estaban todos alegres. Como todas sus palabras eran la mayoría en guaraní, no entendía lo que decían, así que cerré los ojos y me propuse dormir el viaje de vuelta. Estaba contento, pero muy cansado.

A unos pocos km nos detiene un control carretero de la policía. Estaba visto que jamás me iba a poder dormir en ese camión. Cuando los camiones pasan vacíos no los detienen jamás, pero a un camión con carga, no lo dejan pasar sin revisar. Esto nos pasó varias veces en el trayecto de vuelta. Nuevamente, toda la negociación fue en guaraní y a mí ni me preguntaron ni mi nombre.

Daba la sensación de que las guías de transporte de madera tenían algún problema y no dejaban que el camión siguiera el viaje o al menos era lo que creía entender.

Tras varios minutos de discusiones, Cesar tomó un maletín donde ya tenía preparado varios paquetes con dinero, aproximadamente unos 20 dólares por paquete, en moneda paraguaya. Eso ya lo traía con él desde que salimos de San Pedro. Después me explicaría que es la norma. La policía pide la documentación y siempre falta algo. Después de la discusión y de las amenazas de detener al camión, se les entregaba un paquetito y todos contentos. Me decía que es imposible traer todo en orden.

Si no encuentran algún detalle y está todo perfecto es mucho peor. Piensan que es para no dejarles su parte y son capaces de confiscar el camión para una revisión completa. Ahora si había algún detalle, primero se hacían los serios y enojados, pero al final el paquete los ablandaba. Esa era la ley de la ruta y no había forma de hacerlo diferente.

Luego de sortear varios puestos de control y dejar todos los "paquetes" por la ruta, por fin el camino estaría despejado de controles hasta Asunción. Así que ya de madrugada al pasar por un pequeño poblado y ver una cervecería abierta, con música y hasta unos Mariachis tocando y cantando bajamos a ver que tal estaba el lugar

Decidimos parar un rato y festejar el negocio culminado.

Ya que todos habían tenido su recompensa y de paso podíamos comer algo en un lugar que parecía divertido.

Era raro ver a los Mariachis cantando. Con los trajes típicos de charros de México en pleno Paraguay, pero ya había visto tantas cosas raras que no me llamó demasiado la atención.

Los cantantes estaban entusiasmados con el hecho de tener público y cantaban una canción tras otra, mezclando canciones mexicanas, con alguna paraguaya.

Tomamos varias cervezas y comimos unas pizzas muy ricas. Todos estábamos festejando, muy alegres y nos quedamos un buen rato en ese boliche.

Cuando al fin decidimos marchar, pagamos la cuenta entre todos y nos subimos al camión para el último tramo de la ruta. Subíamos contentos y a las risas, listos para el recorrido final de un tirón.

Julián le da arranque al camión… ¡y no arranca! Insiste un par de veces, pero de a poco se siente como se agota la batería.

¿Y ahora? ¿Qué hacemos?

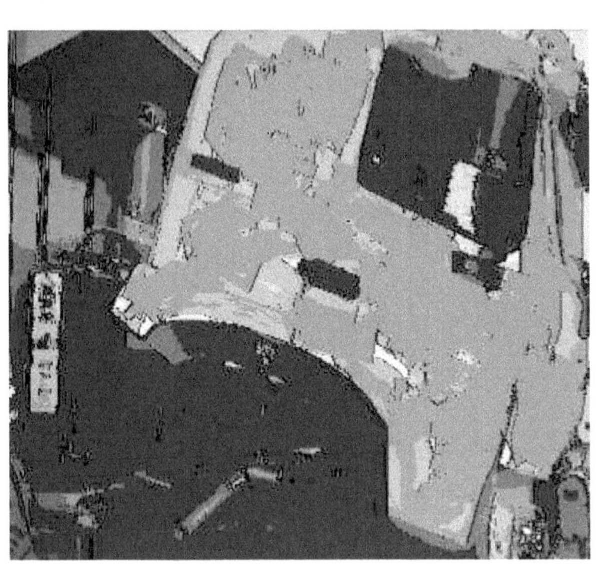

¿Me compra la mesa?

Otra vez con un problema de madrugada, eran apenas las 4 de la mañana y estábamos en medio de la noche en un pueblo que ya ni la cervecería estaba abierta.

Julián volvió a intentar arrancar el motor… ¡Y nada! El camión no arrancaba.

¿Qué hacemos ahora? En el poblado había un taller mecánico, pero recién abría a las 8 de la mañana así que intentamos, más bien intentó Julián, ver si podía solucionar algo. El motor estaba debajo de la cabina la que tiene un mecanismo que la inclina hacia adelante para que el motor quede visible.

Comenzó a levantar la cabina accionando el mecanismo y por la mitad se trabó. No pudo levantar la cabina totalmente. Solo la mitad del recorrido. Apenas había espacio para introducirse entre la cabina y el motor.

Julián se metió como pudo en el hueco para ver si había algo que pudiera ocasionar el problema. Como la cabina quedaba inclinada en forma peligrosa temíamos que se pudiera cerrar de golpe y atrapar a Julián, así que pusimos una tabla trabando la cabina para evitar se cayera y lo aplastara. Por fortuna teníamos bastantes tablas, casi 25 toneladas.

Antes de meterse, fue por la caja de herramientas. ¡Mi Dios! La caja de herramientas era lamentable. Apenas unas pinzas y dos destornilladores torcidos. También algunas llaves oxidadas y un trapo para limpiarse las manos, bastante sucio.

En ese momento de desesperación se me acerca una persona que tenía una mesita plegable en la mano. Había estado un rato largo observando todo lo que hacíamos sin decir una palabra. Finalmente decidió acercarse.

- Señor - me dice esperando que me de vuelta y lo mire. Se me ocurrió que tal vez tenía algo para decirnos, conocía a un mecánico o él mismo entendía de mecánica y podía ayudarnos.

- Dígame – le digo prestando atención con algo de esperanza

- ¿Me compra la mesa? - me dice muy suelto de cuerpo. Me tomó tan de sorpresa, que no supe qué decir. Quedé totalmente desubicado con su pregunta, cuando esperaba otra cosa, una ayuda o un consejo.

-       ¿Qué dijo? – lo encaré indignado por su falta de sentido común y por su pregunta tan inoportuna.

-       ¿Si me compra la mesa? - insistió -   Las hago yo mismo- terminó diciendo.

Le contesté de mala gana que no me interesaba y que estaba muy ocupado. Se alejó un par de pasos y se quedó nuevamente quieto observando todo. Yo trataba de iluminar a Julián con una linterna, tarea bastante complicada por lo poco que había podido subir la cabina. Al rato Julián se incorpora y dice que no le llega gasoil.

Fue a revisar al tanque con una varilla de madera, porque el marcador de combustible del tablero tampoco funcionaba para verificar si quedaba combustible. ¡Vacío! Totalmente vacío.

Me aseguraron que tenía el tanque lleno y con el tanque lleno debería alcanzar para ir y volver. Comentó que, como era nuevo, no quiso verificar y poner en duda la palabra de su supervisor. Pero evidentemente el tanque no se lo habían dado lleno. Averiguamos donde había un surtidor de combustible y partimos en busca de gasoil. Caminamos tres kilómetros hasta que encontramos una estación de servicio. Teníamos un bidón de 10 litros al que hicimos llenar y

volvimos al camión para intentar seguir viaje. En definitiva, si solo era falta de gasoil posiblemente el inconveniente se solucionaba rápidamente.

Mientras Julián volcaba el combustible se acerca nuevamente el señor de la mesa.

- Señor - ¿me compra la mesa? – volvió a insistir, como si fuera lo más natural del mundo tratar de vender su mesa en medio de nuestra situación desesperada.

Le volví a reiterar que no, intentando que se note mi enojo y le dije que teníamos un serio problema y que no estaba de ánimo para comprar nada. Se volvió a retirar dos pasos y se quedó otra vez quieto, con la pequeña mesa entre sus piernas. No podía creer que no se fuera. El hombrecito seguía parado, con la mesita entre las piernas, esperando la oportunidad de volver a pedirme que la compre. Resignado observé la mesa. Era una mesa de madera clara, amarillenta, posiblemente Guatambú que sirve tanto como banco plegable como de mesa pequeña. Ya había visto esas mesas en muchos lados. Las hacen con recortes de madera seguramente conseguidos de regalo en alguna maderera. Era un trabajo artesanal bastante simple, pero muy prolijo.   Viendo que el hombrecito no se iba, antes que se acercara de nuevo, le consulto:

- ¿Cuál es el precio al que vende la mesa?

- 5 dólares - me dice contento adivinando que era extranjero y que podía tener dólares y no guaraníes. Busqué en el bolsillo del pantalón, saqué un billete de 5 dólares y me quedé con la mesita viendo como el hombrecito ahora se iba caminando con una sonrisa en la cara.

Ahora el camión tenía gasoil. Pero se había quedado sin batería, por lo que seguía sin arrancar. Nos quedamos sentados en la acera, recostados al camión y decididos a esperar que el mecánico pudiera ayudarnos. Ya no podíamos hacer otra cosa. Julián estaba esperando en la puerta del taller por si abría más temprano y César, Walter y yo nos sentamos en el piso.

Sin querer, apoyado al camión y sentado en la vereda, el cansancio me ganó. Me quedé dormido. Al menos dormí un buen rato.

Me sacudió Julián para despertarme. Venía con un hombre ya curtido de unos 60 años y con un overol azul, típico de un mecánico que se precie y por supuesto manchado de grasa por todos lados, también típico. Ya había estado revisando el motor, mientras yo dormía y ahora volvía con una batería a ver si conseguía lograr que el motor arranque. Tuvo que meterse debajo de la cabina para poder purgar el aire en las tuberías y agregar otra batería, pero al final el motor del viejo Bedford arrancó

Julián acelera el motor siguiendo las instrucciones del mecánico, mientras éste hacía algunas mediciones y terminó informando.

El alternador apenas carga. Les conviene no apagar el motor porque puede ser que no arranque otra vez.

Así que, en esas condiciones, seguimos hacia Asunción. Todavía teníamos un buen trecho antes de llegar y rezaba para llegar de una vez.

Juntamos el poco dinero que nos quedaba, incluso el dinero de mi pasaje de vuelta, y con eso fuimos a cargar combustible esperando que nos alcanzara hasta llegar a destino.

Ahora nuevamente en la ruta, manejando con mucha precaución y sin detenernos, íbamos rumbo a ZZ.

Me dormía de cansancio, en los últimos dos días casi no había dormido y me acomodé por enésima vez en la cabina para dormir lo que faltara de viaje. Todo lo que había pasado, había cambiado el humor tanto de César, como de Walter y ahora estaban callados. El único que de vez en cuando hablaba era Julián, que nunca perdió su buen humor.

Nuevamente me había dormido profundamente, cuando me despierta una tremenda frenada. La carga de madera se acercó peligrosamente a la cabina, pero no llegó a tocarla. Pensé que habíamos tenido un accidente o que tuvo que frenar de improviso para evitar tener uno, cuando Julián me dice:

-	Se han frenado las ruedas, yo ni toqué los frenos-

Aprendí que, en vehículos grandes, por seguridad, los frenos son de aire y funcionan de la siguiente manera. El tanque de aire sirve para separar las zapatas de freno de las ruedas. Eso hace que si hay un problema o inconveniente y se pierde el aire del tanque el vehículo nunca se queda sin frenos, lo que podría ser un desastre, sino todo lo contrario. El vehículo queda frenado.

O sea que teníamos las dos ruedas delanteras frenadas y no nos podíamos mover. Además, estábamos en una zona rural, y aunque se consiga un mecánico, ya no teníamos dinero para poder pagarle.

Esta vez fue Julián quien nos sacó del apuro. Se le ocurrió que tal vez podía separar las zapatas tirando del cable que llega hasta el tablero de instrumentos. Solo tenía que encontrar dicho cable.

Así que sacó la tapa del tablero y del manojo de cables que se veía probó a tirar de alguno y siguió probando hasta que de pronto ¡Eureka! Funcionó y las ruedas quedaron libres.

Solo que, para poder circular, tenía que estar tirando de unos cables permanentemente y que si necesitaba frenar los soltaba un poco. Manejar de esta manera era bastante complicado. Una mano en el volante y la otra tirando de unos cables, pero funcionaba y seguíamos en camino. Por momentos se le cansaba la mano de tironear el cable así que parábamos unos minutos. Una manera bastante incómoda para manejar, pero al menos no estábamos varados y pudimos seguir viaje hacia Asunción.

Íbamos despacio, sin poder apagar el motor y con el tema de los frenos complicado, haciendo algún descanso, pero a pesar de todo nos acercábamos a Asunción.

Cada vez que necesitaba frenar, soltaba los cables los que se volvían a mezclar en el manojo de cables detrás del tablero. Luego había que volver a localizarlos para poder continuar.

Ya casi dominaba el tema de los cables y de cómo mantenerlos tensados cuando de pronto se equivoca de cable y del tablero empieza a salir un humo espeso. Algún cable estaba haciendo cortocircuito, y amenazaba con prenderse fuego todo el tablero. La cabina del camión comenzó a llenarse de humo y Julián soltó los cables. La cabina rápidamente se convirtió en una nube de humo y Julián trataba desesperado de localizar los cables que se estaban quemando.

El resto nos habíamos bajado del camión porque no se podía ni respirar y pensamos que se iba a prender fuego. Por suerte descubrió los cables causantes del cortocircuito y los desconectó.

Cuando el humo se disipó, vio que se habían quemado dos cables y los fusibles de las luces por lo tanto tampoco tendríamos luces. Al menos era de día y ya faltaban pocos kilómetros para llegar a destino. Así que una vez más seguimos adelante.

Sin luces, sin frenos y sin poder apagar el motor. Todavía teníamos que dejar a César y a Walter en la maderera de Teófilo Cubillas y seguir camino a Zacarías Zamora.

Era más imprescindible que nunca llegar de día ya que no teníamos luces delanteras ni traseras. Apenas pudiera llegar pensaba firmar los documentos de embarque y que ellos a su vez me firmen los míos con el listado de maderas que reciben, pero sobre todo para que me devuelvan el dinero y me pueda comprar mi pasaje de vuelta.

El dinero que tenía se había usado para pagar el mecánico y el combustible y era lo que me quedaba para volver a casa. La ciudad de Asunción se veía a lo lejos. Ya faltaba poco.

Al llegar a lo de Don Teófilo, César y Walter se bajaron de un salto. Estaban asustados de todo lo sucedido en el camión y pensaban que estaba embrujado. Eso fue al menos lo que habían dicho antes de quedarse callados.

Nos despedimos de todos y pusimos rumbo a ZZ, no sin antes tener una pequeña discusión con Don Teófilo, que quería cambiar algunas tablas de las más largas, por otras cortas. Le dije que era imposible. El camión no se podía apagar y además ya llevaba demasiadas tablas cortas fuera de lo pactado. Siempre en Paraguay los términos de un arreglo se discuten varias veces. Pero esta vez no había alternativa. Tuvo que ceder y dejar que siguiéramos camino a ZZ.

En esa época los teléfonos celulares tenían baterías que duraban muy poco, así que la única comunicación que habíamos tenido con Zacarías Zamora había sido antes de salir del aserradero de los Hermanos Moreira. Ni idea tenían de todo lo que habíamos pasado ni el motivo de la demora en llegar. Ya les explicaremos toda una vez que lleguemos, café mediante, pensaba.

Veníamos por la Avenida Choferes del Chaco para ir más directo, aunque el tremendo camión en una Avenida tan concurrida y en una hora pico como llegábamos no lo hacía fácil. Nos quedaban apenas unas pocas calles para llegar y estábamos deseosos de que se acabara la pesadilla.

De pronto el viejo Bedford comenzó a fallar y se detuvo en la mitad de la avenida. ¡Otra vez se acabó el gasoil!

Yo no lo podía creer, apenas faltaban unas pocas cuadras para llegar y otra vez un problema.

Julián se quería matar. El camión ocupaba toda la calzada, y se produjo un embotellamiento tremendo. Pensar que estamos solo a unas 10 cuadras del depósito, me comentó.

Los vehículos no podían pasar y el ruido de las bocinas era ensordecedor

Eso atrajo a un policía de tránsito y ya ni siquiera nos quedaba un paquete de los de César.

El policía gesticulaba y hablaba a los a gritos con Julián, por supuesto que en guaraní, aunque esta vez se entendía clarito lo que quería.

Quería que moviéramos el camión, que lo sacara del medio de la avenida.

Julián intentaba hacerle comprender que mover el camión era imposible. El policía insistía que había que moverlo, era una discusión de sordos y locos. Yo pensé, que lo empuje, son apenas 25 toneladas y me dio risa.

Sin tomar parte de la discusión decidí marcharme. Me despedí de Julián y lo dejé discutiendo con el policía.

-        Ya te mando a alguien de la empresa - le grité. Comencé a caminar hasta Zacarías Zamora. Total, eran solo 10 cuadras.

En el camino pensaba, ahora que me devuelvan mi dinero, a firmar los papeles y me vuelvo a

Montevideo. Lo mismo que venía pensando todo el día.

Cuando le conté a Zacarías que el camión estaba atravesado en plena avenida, no lo podía creer. Me pidió mil disculpas por todos los trastornos. Llamó a un mecánico y le pidió que me acompañara urgente a buscar el camión y que lleváramos un bidón con gasoil.

Yo ya había recibí el dinero que había gastado, lo guardé tranquilamente, y con una sonrisa burlona le digo:

- Don Zacarías, ahora ya el problema no es mío. El camión lo tiene ahí nomás, no se puede perder. Es uno rojo grandote atravesado en medio de la avenida.

- Ya tenemos todo firmado, yo me vuelvo a Montevideo-

Me levanté despacio, cansado pero contento de al menos no tenía que encargarme de resolver ese problema. Me volvía tranquilo con el deber cumplido.

Iba saliendo cuando Zacarías entre risas me grita:

- Mi amigo, lo que ha vivido es para escribir un libro.

- Tal vez, algún día lo haga - contesté

Y me fui feliz de haber finalizado, por fin, mi accidentado viaje.

Fin

www.ingramcontent.com/pod-product-compliance
Lightning Source LLC
Chambersburg PA
CBHW050800160726
48004CB00002B/634